AF205381

Impressum
Verlag: BABADADA GmbH, Nedderfeld 112 , 22529 Hamburg
Geschäftsführer / Verlagsleitung: Harald Hof
Druck: Books on Demand GmbH, In de Tarpen 42, 22848 Norderstedt

Imprint
Publisher: BABADADA GmbH, Nedderfeld 112 , 22529 Hamburg, Germany
Managing Director / Publishing direction: Harald Hof
Print: Books on Demand GmbH, In de Tarpen 42, 22848 Norderstedt, Germany

dibistan

школа

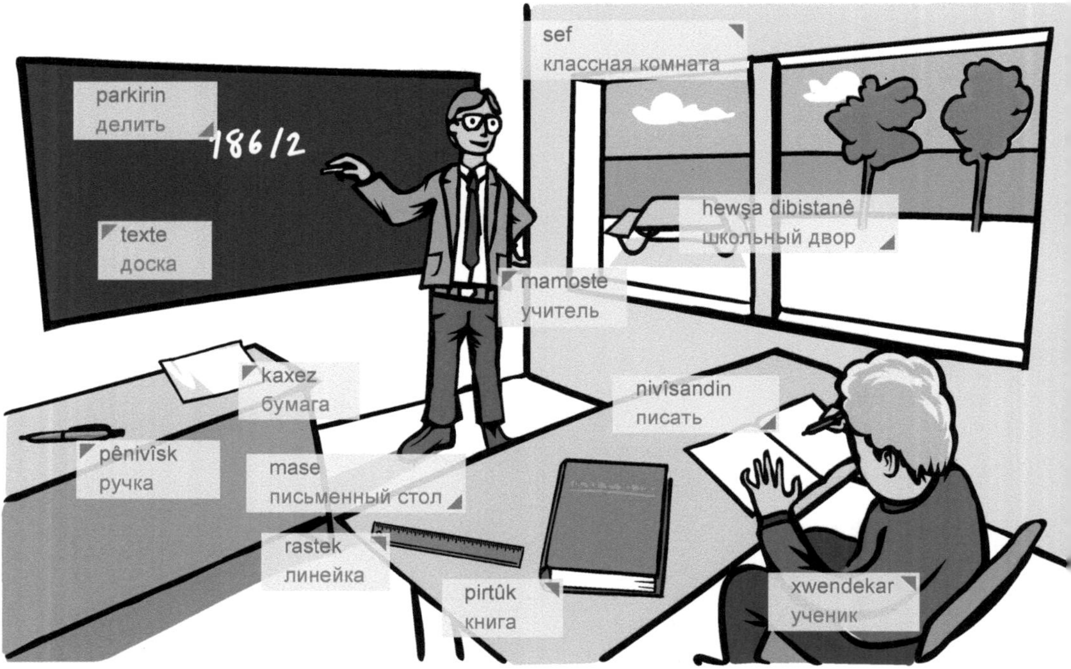
sef
классная комната
parkirin
делить
186/2
texte
доска
hewşa dibistanê
школьный двор
mamoste
учитель
kaxez
бумага
nivîsandin
писать
pênivîsk
ручка
mase
письменный стол
rastek
линейка
pirtûk
книга
xwendekar
ученик

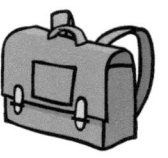

çewal

ранец

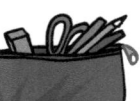

qûtî nivîstok

пенал

qelemrisas

карандаш

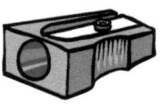

nivîstok tûjkir

точилка

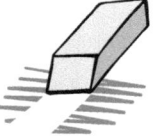

jêbir

ластик

nivîska nîgarê

альбом для рисования

nîgar

рисунок

firçeya rengê

кисточка

qûtî reng

коробка красок

meqes

ножницы

lezaq

клей

pirtûka fêrbûn

тетрадь

wezîfa malê

домашняя работа

hejmar

цифра

zêdekirin

прибавлять

derxistin

вычитать

zêdekirin

умножать

hesibandin

считать

tîp

буква

alfabe

алфавит

peyv

слово

nivîsê

текст

xwandin

читать

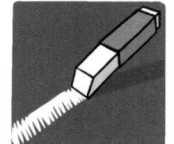

geç

мел

ders

урок

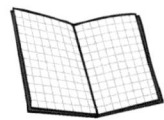

qeydkirin

классный журнал

îmtîhan

экзамен

şehade

диплом

kinca dibistanê

школьная форма

perwerdehî

образование

zanistname

энциклопедия

zanîngeh

университет

mîkroskûp

микроскоп

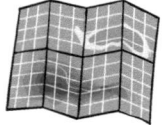

xerîte

карта

sepeta kaxezê

корзина для бумаг

rêwêtî
путешествие

mêvanxane
гостиница
Grand
mêvanxane
турбаза
ROOMS
EXCHANGE
ofîsa pere veguhartinê
пункт обмена валюты
cente
чемодан
maşîn
автомобиль

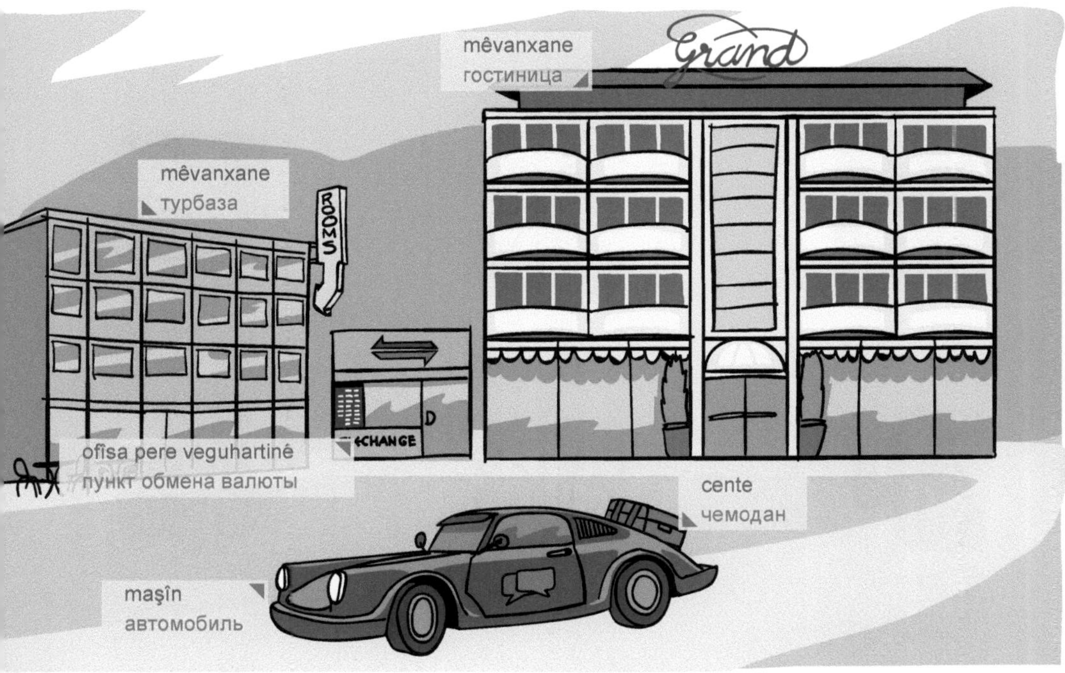

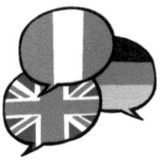

ziman

язык

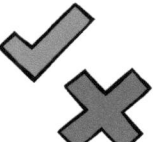

belê / na

да / нет

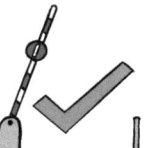

baş

хорошо

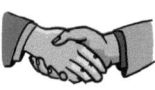

silav

Привет

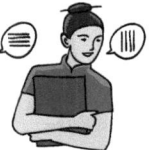

wergêra nivîskî

переводчик

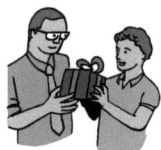

sipas

Спасибо

bihayê ... çi qase?

Сколько стоит...?

ez fam nakim

Я не понимаю

pirsgirêk

проблема

êvarbaş!

Добрый вечер!

beyanî baş!

Доброе утро!

şev baş!

Доброй ночи!

xatirê te

До свидания

alî

направление

hûrmûr

багаж

çente

сумка

çente pişt

рюкзак

mêvan

гость

ode

комната

came xew

спальный мешок

çadir

палатка

agagiyên gerokan

туристическая информация

rexê avê

пляж

kartê qerzê

кредитная карточка

taştê

завтрак

firavîn

обед

şîv

ужин

kart

билет

asansor

лифт

pûl

почтовая марка

tixûb

граница

gumirk

таможня

balyozxane

посольство

vîza

виза

pasaport

паспорт

guhaztin

транспорт

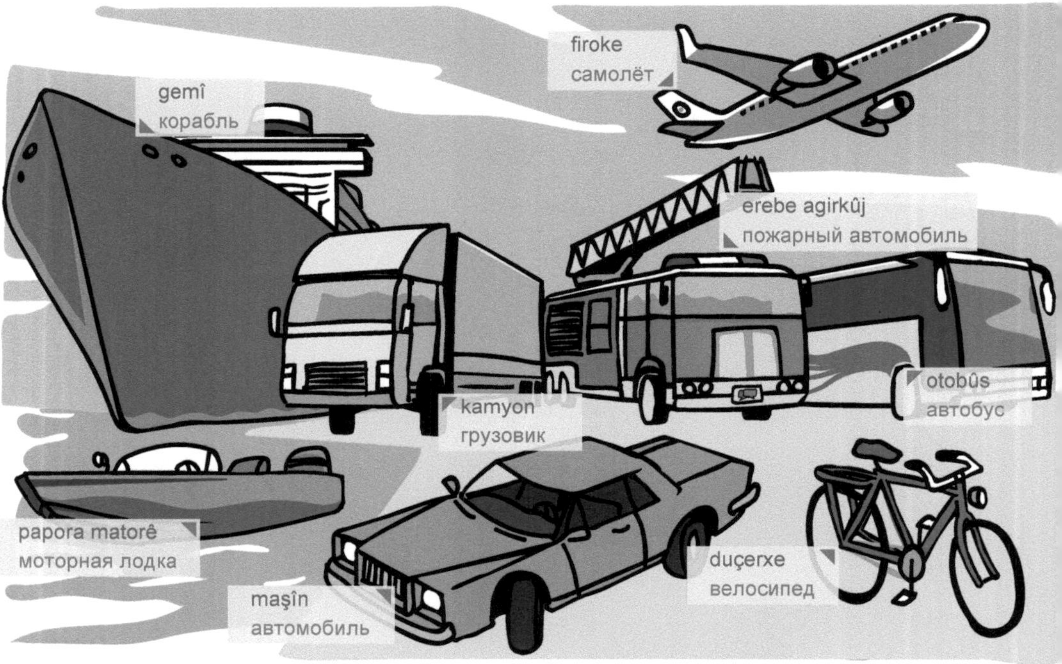

firoke
самолёт
gemî
корабль
erebe agirkûj
пожарный автомобиль
otobûs
автобус
kamyon
грузовик
papora matorê
моторная лодка
duçerxe
велосипед
maşîn
автомобиль

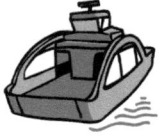

papor

паром

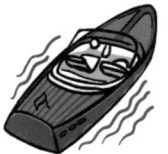

papor

лодка

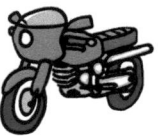

motorsîklêt

мотоцикл

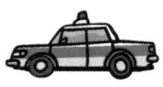

trimbêla polîsê

полицейский автомобиль

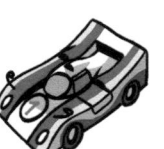

trimbêla pêşbaziyê

гоночный автомобиль

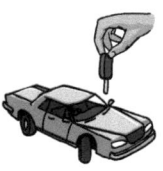

erebe kirêkirinê

арендованный автомобиль

maşîn pervekirin

совместное пользование
автомобилями

kamyona kişandinê

буксировочный
автомобиль

kamyona xwelî

мусоровоз

motorsîklêt

двигатель

mazot

топливо

îstegeha benzînê

заправка

tabloya tirafîkê

дорожный знак

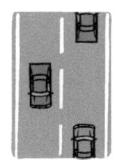

hatinûçûn

движение

tirafîk

пробка

cihê parkê

автостоянка

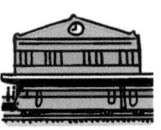

rawesteka trênê

вокзал

rêç

рельсы

trên

поезд

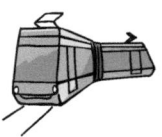

trênê kolanê

трамвай

erebe

вагон

babirok

вертолёт

balafirgeh

аэропорт

birc

вышка

misafir

пассажир

qûtî

контейнер

qûtî

коробка

girgirok

тележка

selik

корзина

rabûn / nîştin

взлетать / приземляться

bajar

город

gund

деревня

navenda bajarê

центр города

xanî

дом

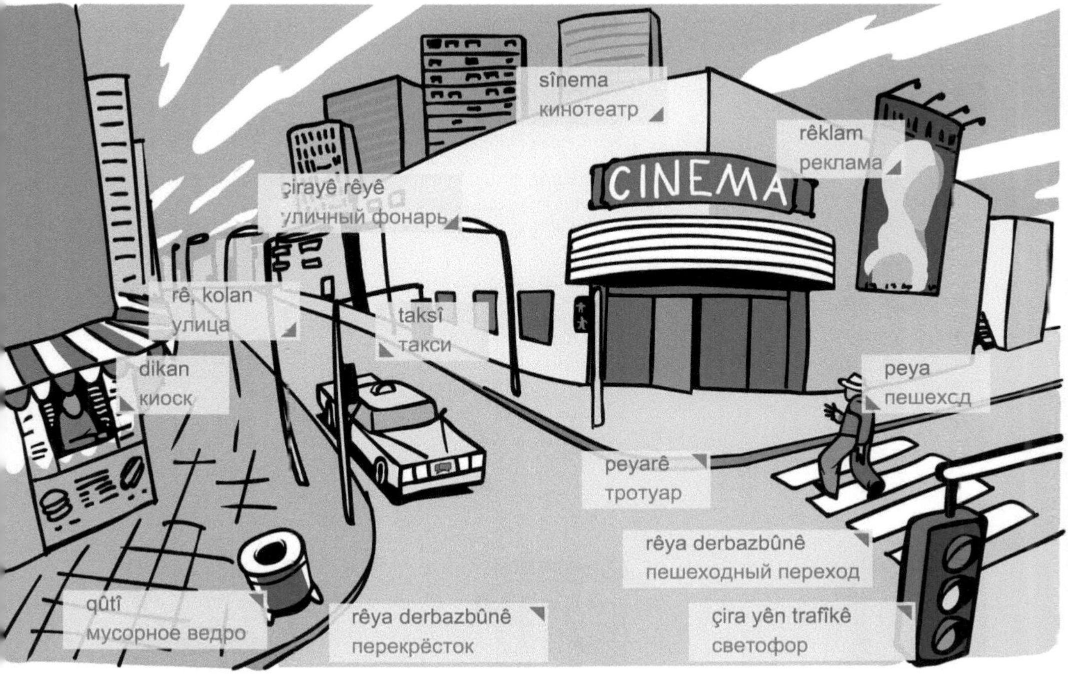
sînema
кинотеатр
CINEMA
rêklam
реклама
çirayê rêyê
уличный фонарь
rê, kolan
улица
taksî
такси
dikan
киоск
peya
пешехсд
peyarê
тротуар
rêya derbazbûnê
пешеходный переход
qûtî
мусорное ведро
rêya derbazbûnê
перекрёсток
çira yên trafîkê
светофор

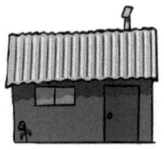

kox

хижина

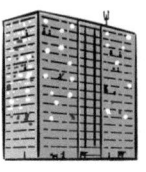

xanî

квартира

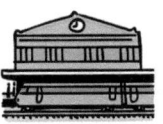

rawesteka trênê

вокзал

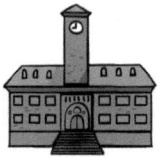

telara şarevanî

ратуша

MUSEUM

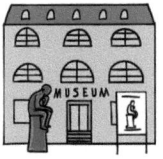

mûzexane

музей

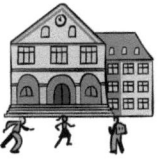

dibistan

школа

zanîngeh

университет

bank

банк

nexweşxane

больница

mêvanxane

гостиница

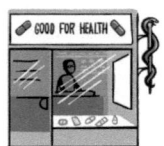

dermanxane

аптека

ofîs

офис

kitêbfiroşî

книжный магазин

dikan

магазин

gulfiroş

цветочный магазин

bazar

супермаркет

bazar

рынок

supermarket

универмаг

masîfiroş

торговец рыбой

navenda kirrîn

торговый центр

bender

порт

park

парк

sekû

скамейка

pir

мост

derince

лестница

jêr erdê

метро

tunnel

тоннель

îstgeha otobûs

автобусная остановка

bar

бар

xwaringeh

ресторан

sindûqa postê

почтовый ящик

nîşanderka rêyê

табличка с названием
улицы

metra parkîngê

паркометр

baxça heywanan

зоопарк

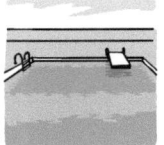

hewza melevanî

бассейн

mizgeft

мечеть

cotgeh

ферма

lewitandina derdor

загрязнение окружающей среды

goristan

кладбище

kenîse

церковь

erdê leyistinê

детская площадка

perestgeh

храм

tebîet

ландшафт

gela
лист

nîşanderka rê
дорожный указатель

rê
дорога

mêrg
луг

kevir
камень

dar
дерево

gerok
путешественник

çem
река

giya
трава

kulîlk
цветок

dol

долина

gir

гора

gol

озеро

daristan

лес

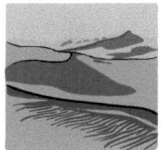

beyaban

пустыня

volkan

вулкан

keleh

замок

keskesor

радуга

kivark

гриб

darqesp

пальма

mixmixk

комар

mêş

муха

mêrî

муравей

hing

пчела

pîrê

паук

kêzik
жук

beq
лягушка

sihor
белка

jîjok
еж

kerguh
заяц

pepûk
сова

çivîk
птица

qû
лебедь

berazê kovî
кабан

pezkovî
олень

pezkovî
лось

bendav
плотина

tûrbîna ba
ветряной генератор

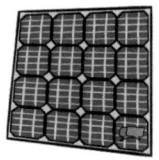

panela xorê
солнечная батарея

av û hewa
климат

xwaringeh
ресторан

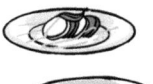

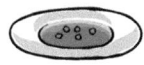

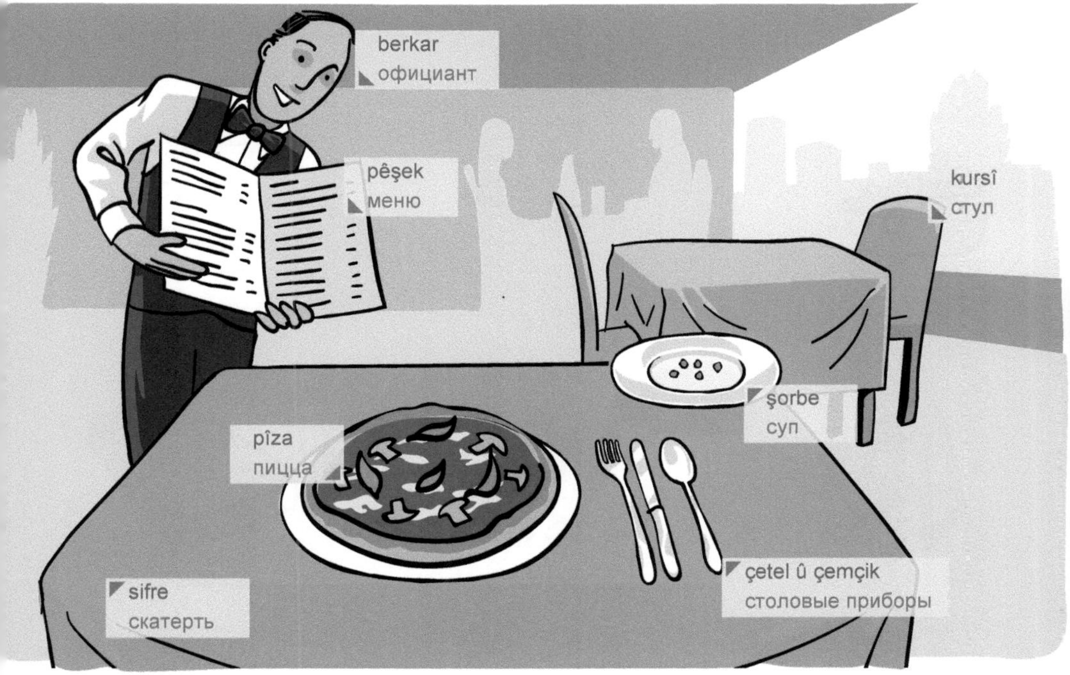
berkar
официант
pêşek
меню
kursî
стул
şorbe
суп
pîza
пицца
sifre
скатерть
çetel û çemçik
столовые приборы

xwarina destpêk

закуска

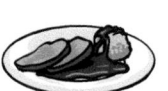

xwarina serekî

главное блюдо

şêranî

десерт

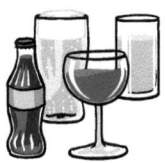

vexwarinan

напитки

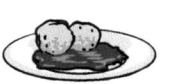

xwarin

еда

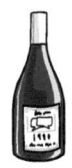

cam

бутылка

xwarina lez

фастфуд

xwarina rêyê

уличная еда

çaydanik

чайник

qûtî şekirê

сахарница

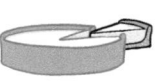

beş

порция

mekîna çêkirinê espresso

кофеварка

kursiya bilînd

детский стульчик

hesab

счет

sênî

поднос

kêr

нож

çetel

вилка

kevçî

ложка

kevçiya çay

чайная ложка

pêşgir

салфетка

qedeh

стакан

teyfik

тарелка

teyfika şorbe

суповая тарелка

piyale

блюдце

çênc

соус

xwêdank

солонка

qûtî bîbar

мельница для перца

sêk

уксус

rûn

масло

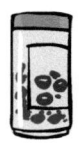

biharat

специи

ketçap

кетчуп

mustard

горчица

mayonêz

майонез

bazar
супермаркет

pêşkêşên taybet
специальное предложение
FOR
mişterî
покупатель
şîremenî
молочные продукты
fêkî
фрукты
erebe
тележка для покупок

BUTCHERS

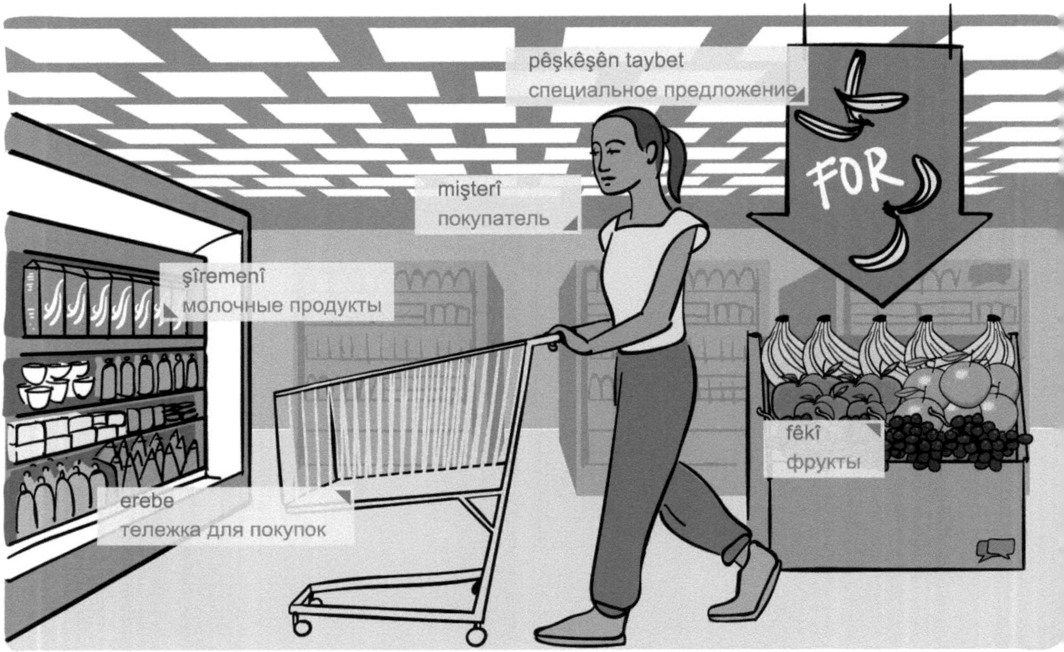

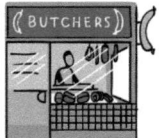

qesabî

мясной магазин

BAKERY

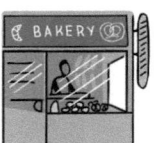

dikana nanpêj

пекарня

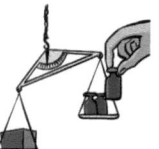

wezin kirin

взвешивать

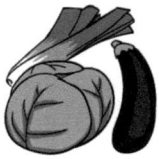

sebze

овощи

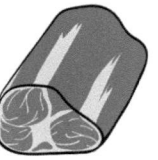

goşt

мясо

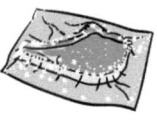

xwarinê cemedî

быстрозамороженные продукты

goştê sar

нарезка

xwarina pîlê

консервы

xubarê paqijkirinê

стиральный порошок

şirînî

сладости

berhemên navxweyî

предмет домашнего обихода

berhemên paqijkirinê

моющее средство

firoşyar

продавщица

xeznok

касса

diravgir

кассир

lîsta kirrînê

список покупок

demên vekirî

время работы

cizdan

бумажник

kartê qerzê

кредитная карточка

çewal

сумка

çente

полиэтиленовый пакет

av

вода

şerbet

сок

şîr

молоко

komir

кока-кола

şerab

вино

bîra

пиво

alkol

алкоголь

kakwo

какао

çay

чай

qehwe

кофе

espresso

эспрессо

kapoçîno

капучино

moz

банан

sêv

яблоко

pirteqalî

апельсин

gundor

арбуз

lîmon

лимон

gêzer

морковь

sîr

чеснок

qamir

бамбук

pîvaz

лук

qarçik

гриб

gewîz

орехи

şihîre

лапша

spagêttî

спагетти

birinc

рис

selete

салат

çîps

картофель фри

peteteya biraştî

жареный картофель

pîza

пицца

hamburger

гамбургер

nanok

сэндвич

goştê stûyê berxî

шницель

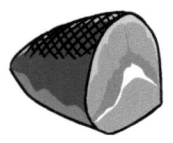

goştê hişkkirî

ветчина

salamê

салями

sosîs

колбаса

mirîşk

курица

bijartin

жаркое

masî

рыба

şorbe bilûl

овсяные хлопья

müslî

мюсли

kertên gilgilan

кукурузные хлопья

ard

мука

croissant

круассан

semûn

булочка

nan

хлеб

tost

тост

nanik

печенье

nivîşk

масло

mast

творог

kulîçe

пирог

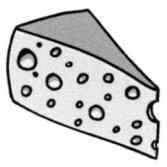

hêk

яйцо

hêka qelandî

яичница

penîr

сыр

dondirme

мороженое

şekir

сахар

hingiv

мёд

mireba

мармелад

xameya nougat

крем с нугой

kurrî

карри

cotgeh
ферма

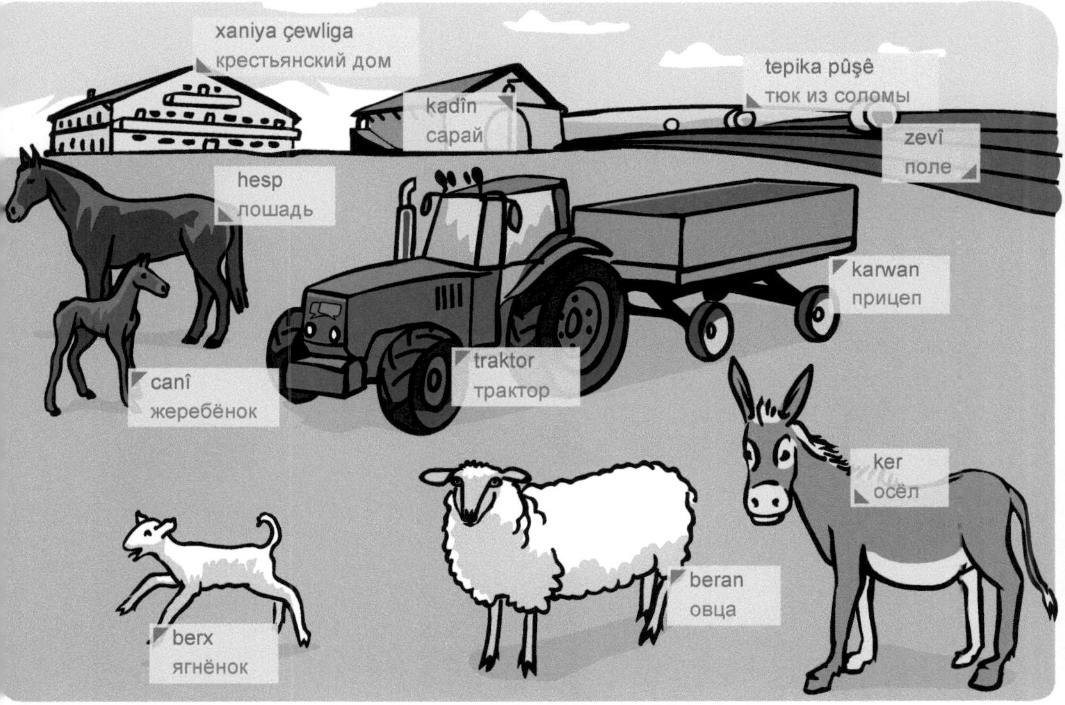
xaniya çewliga
крестьянский дом
tepika pûşê
тюк из соломы
kadîn
сарай
zevî
поле
hesp
лошадь
karwan
прицеп
traktor
трактор
canî
жеребёнок
ker
осёл
beran
овца
berx
ягнёнок

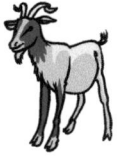

bizin
коза

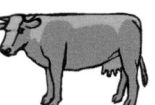

çêlek
корова

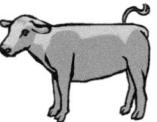

golik
телёнок

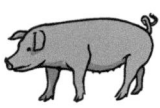

beraz
свинья

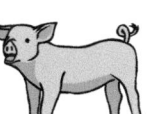

xinzîrk
поросёнок

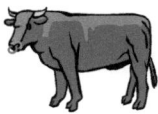

boxe
бык

qaz

гусь

miravî

утка

cûçik

цыплёнок

mirîşk

курица

keleşêr

петух

circ

крыса

kitik

кошка

mişk

мышь

ga

вол

kûçik

собака

xaniya kûçikê

конура

xanî baxê

садовый шланг

qûtîka avdanê

лейка

şalûk

коса

gasin

плуг

das

серп

merbêr

мотыга

darsapik

навозные вилы

bivir

топор

destgere

тачка

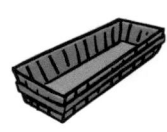

qûtî xwarina candaran

корыто

qûtî şîr

бидон для молока

tûr

мешок

çeper

забор

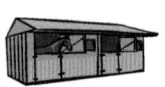

axur

хлев

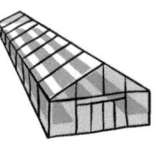

xana kulîlkan

теплица

ax

почва

dendik

посев

peyn

удобрение

kombayn

комбайн

cotgeh - ферма

zad

собирать урожай

zad

урожай

petete

ямс

genim

пшеница

fasolî

соя

petete

картофель

dexl

кукуруза

dindik

рапс

darê fêkî

фруктовое дерево

sêvê bin erdê

маниок

zad

злаки

xanî

дом

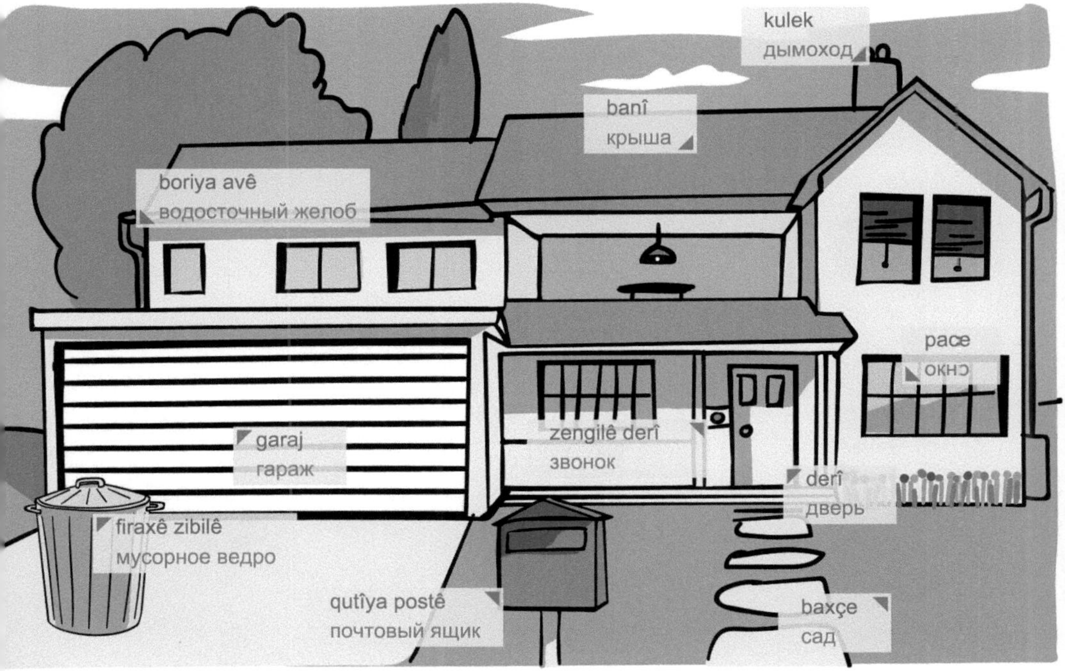
kulek
дымоход
banî
крыша
boriya avê
водосточный желоб
pace
окно
zengilê derî
звонок
garaj
гараж
derî
дверь
firaxê zibilê
мусорное ведро
qutîya postê
почтовый ящик
baxçe
сад

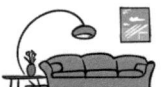

oda rûniştinê

гостиная

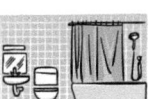

hemam

ванная комната

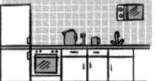

metbex

кухня

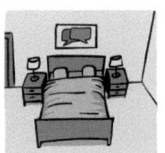

oda xewê

спальня

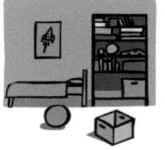

odeya zarok

детская комната

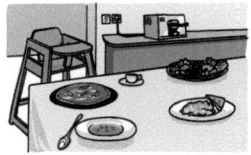

oda şîvê

столовая

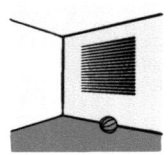

binî

пол

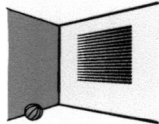

dîwar

стена

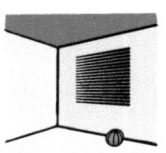

berban

потолок

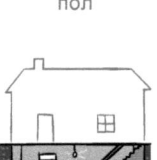

xenzik

подвал

sauna

сауна

balkon

балкон

berdanik

терраса

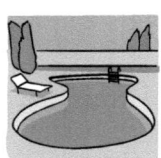

hewza melevanî

бассейн

çîmen birr

газонокосилка

melhefe

пододеяльник

betanî

покрывало

nivîn

кровать

gezik

метла

satil

ведро

kilîl

выключатель

oda rûniştinê

гостиная

kaxezê dîwar
обои
wêne
рисунок
lampa
лампа
ref
полка
dolab
шкаф
telefîsiyon
телевизор
agirdan
камин
kulîlk
цветок
serîn
подушка
qenepe
диван
guldank
ваза
kontrola dûr
пульт дистанционного управления

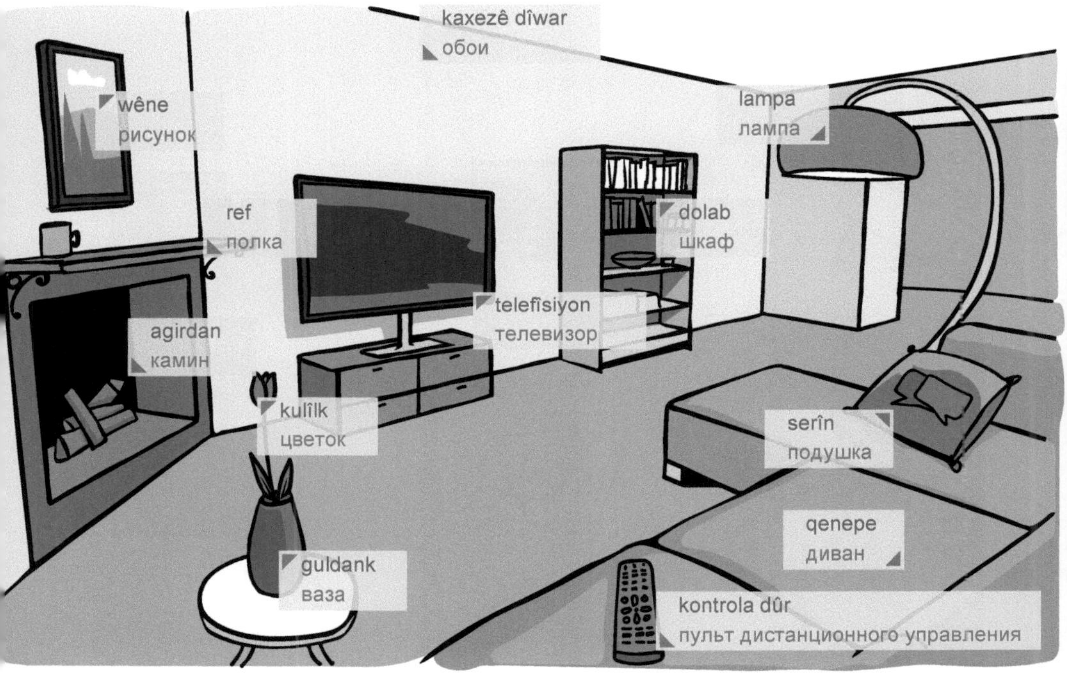

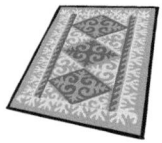

xalîçe

ковёр

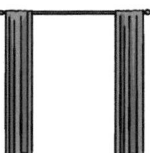

perde

штора

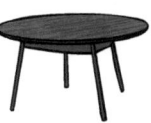

mêz

стол

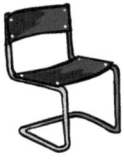

kursî

стул

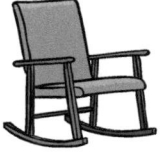

kursiya hejanok

кресло-качалка

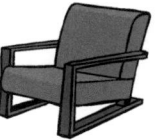

kursî

кресло

pirtûk

книга

betanî

покрывало

xemilandin

украшение

êzing

дрова

fîlm

фильм

hi-fi

стереосистема

kilîl

ключ

rojname

газета

nîgar

картина

poster

плакат

radyo

радио

defter

блокнот

sivnika elektrîkî

пылесос

kaktûs

кактус

mom

свеча

metbex

кухня

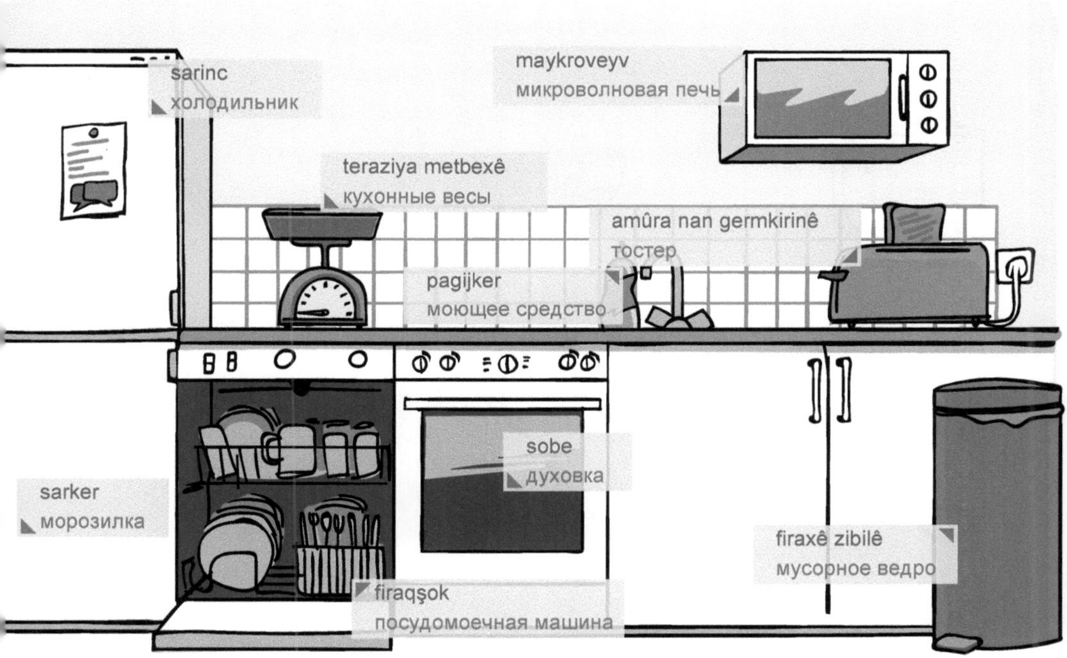

sarinc
холодильник
maykroveyv
микроволновая печь
teraziya metbexê
кухонные весы
amûra nan germkirinê
тостер
pagijker
моющее средство
sobe
духовка
sarker
морозилка
firaxê zibilê
мусорное ведро
firaqşok
посудомоечная машина

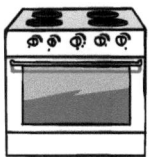

sobe

плита

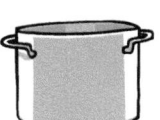

aman

кастрюля

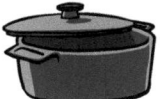

amaê ûtû

чугунный котелок

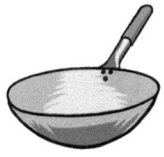

firaqê mezin

вок / кадай

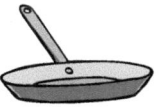

dîzik

сковорода

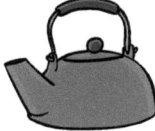

kelînk

чайник

firaqê hilmê

пароварка

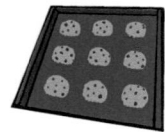

sênî nanê

противень

firaq

посуда

piyale

кружка

kasik

миска

darê nanxwarin

палочки для еды

hesk

половник

kevçiya mezin

лопатка

rînek

сбивалка

kefgîr

сито

bêjing

сито

rêşker

тёрка

destar

ступка

biraştin

гриль

agirê vala

костёр

texteya birrînê

доска

darikê tîrê

скалка

devik badek

штопор

qûtî

жестяная банка

qûtîvekir

консервный нож

cawê amanan

прихватка

destşo

раковина

firçe

щетка

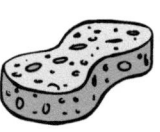

parazoa

губка

tevdêr

миксер

sarkerê cemedî

морозильная камера

şûşe bebikan

бутылочка для кормления

henefî

кран

hemam

ванная комната

germijank
отопление
xawlî
полотенце
dûş
душ
perdeya hemamê
душевая занавеска
kefê hemam
пенистая ванна
hewza hemam
ванна
qedeh
стакан
cilşok
стиральная машина
henefî
кран
acûr
плитка
tiwaleta zarokan
горшок
destşo
раковина

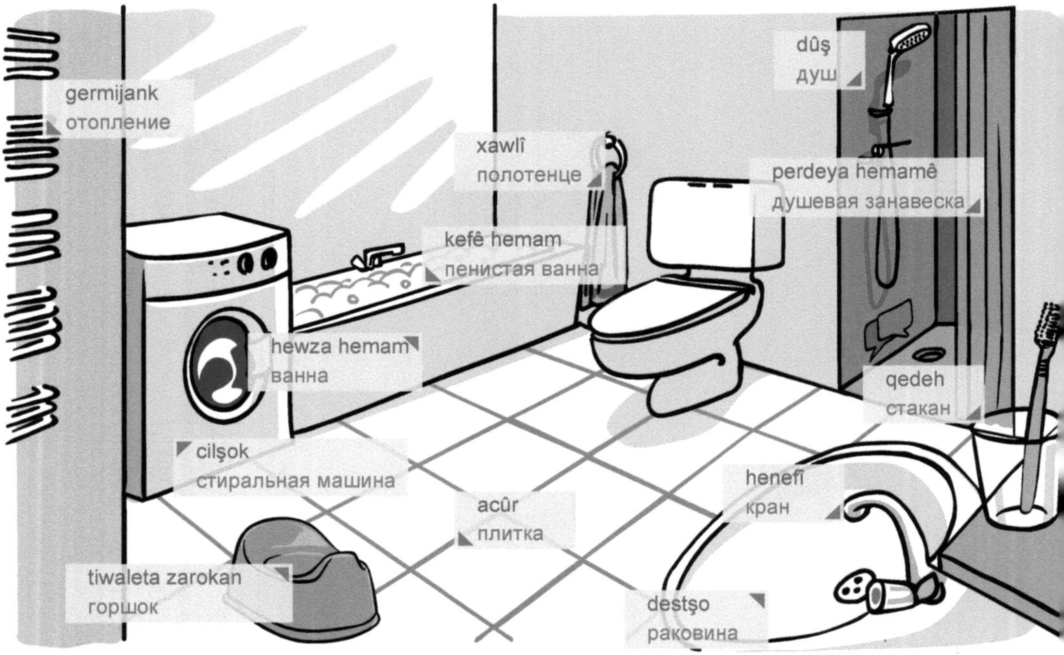

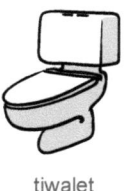

tiwalet

туалет

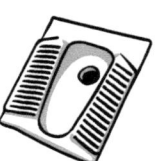

tiwaleta erdê

напольный унитаз

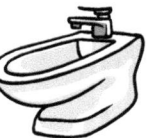

tiwalet

биде

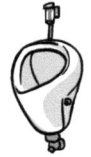

avdestxana mêran

писсуар

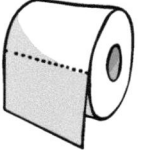

kaxeza tiwalet

туалетная бумага

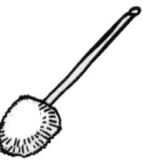

firşeya tiwalet

ершик

firçeya diran

зубная щетка

mecûna diran

зубная паста

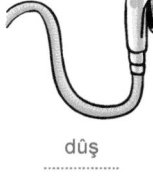

nexa didan

зубная нить

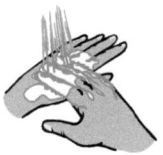

şûştin

мыть

dûşê destê

ручной душ

dûş

интимный душ

destşo

таз

firça pişt

щетка для спины

sabûn

мыло

cêlê hemam

гель для душа

şampo

шампунь

fanîle

мочалка

zêrab

сток

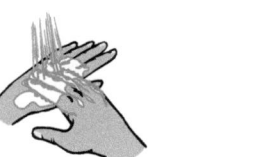

kirêm

крем

bêhn xweşkir

дезодорант

mirêk

зеркало

mirêka destê

ручное зеркало

gûzan

бритва

kefê teraşînê

пена для бритья

mecûna piştî teraşînê

лосьон после бритья

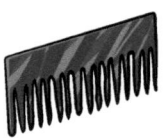

şeh

расческа

firçe

щетка

por hîşikkir

фен

sipraya porê

лак для волос

kozmetîk

косметика

soravk

губная помада

rengê nînok

лак для ногтей

pembû

вата

meqesta nînok

маникюрные ножницы

parfûm

духи

çewalê hemamê

косметичка

kursiya bêpişt

табуретка

terazî

весы

kinca hemamê

халат

lepika lastîkê

резиновые перчатки

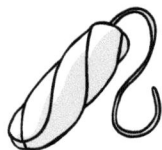

tampon

тампон

xawliya paqijkirinê

гигиеническая прокладка

tiwaleta kîmîyewî

биотуалет

odeya zarok

детская комната

demjimêrk
будильник
lîstok
мягкая игрушка
maşîna lîstok
игрушечный автомобиль
xişxişok
погремушка
mala lîstok
кукольный домик
xelat
подарок

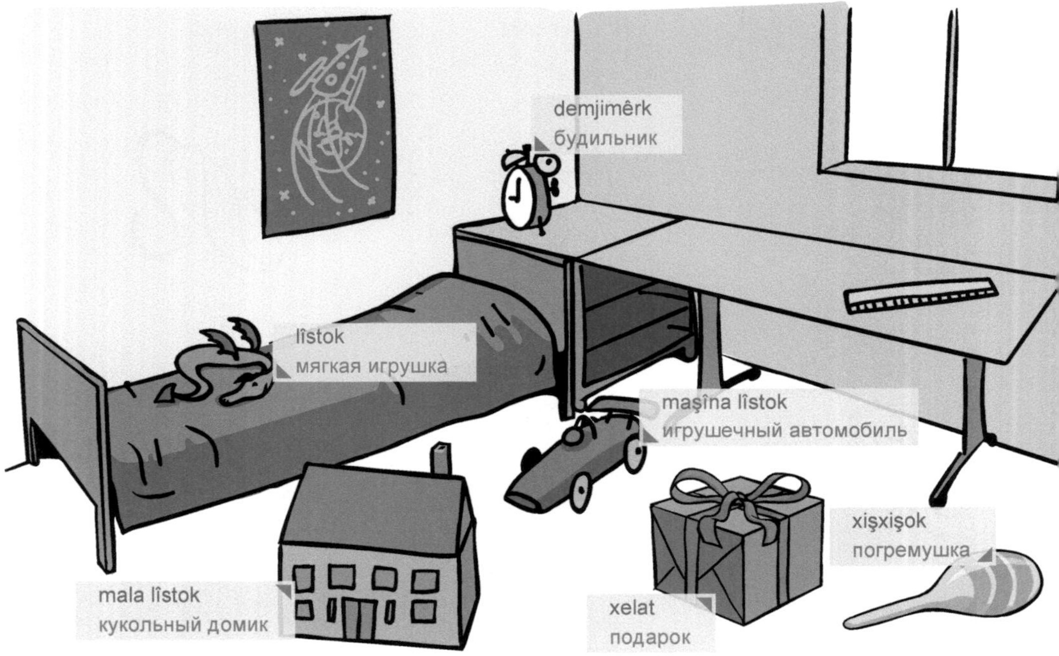

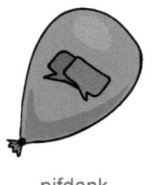

pifdank

воздушный шар

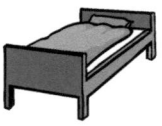

nivîn

кровать

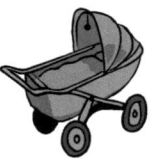

koçk

детская коляска

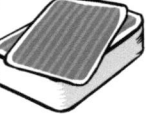

lîstika kartê

карточная игра

frîzbî

пазл

SUPER
MEGA

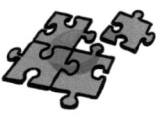

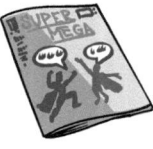

komîk

комикс

acûra lêgo

кирпичики Лего

acûra lîstok

кубики

bûke şûşe

игрушечная фигурка

kinca bebikan

ползунки

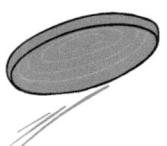

frizbee

фрисби

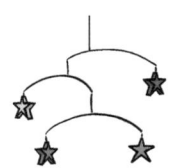

veguhestin

мобиле

lîstikên texte

настольная игра

mor

кубик

modêla trênê

модель железной дороги

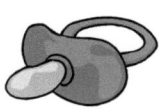

memik

соска

cejn

вечеринка

kitêba wêne

книга с картинками

top

мяч

bûke şûşe

кукла

leyîstin

играть

kuna xîzê

песочница

colane

качели

lîstokan

игрушка

lîstika vîdeoyî

игровая приставка

sêçerxe

трёхколесный велосипед

hirça lîstok

плюшевый медвежонок

cildank

шкаф для одежды

kinc

одежда

gore

носки

gore

чулки

derpêgorê

колготки

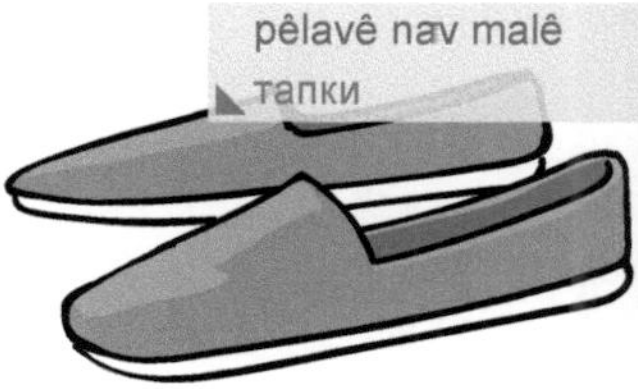

şal
шарф

çetir
зонтик

kiras
футболка

qayiş
ремень

şekal
сапоги

pêlavê nəv malê
тапки

pêlav
кроссовки

solik
сандалии

sol
ботинки

potîna çermê
резиновые сапоги

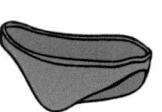
pantolê jêr
трусы

pêsîrbend
бюстгальтер

çekbend
майка

cendek

боди

pantol

брюки

jeans

джинсы

daman

юбка

kiras

блузка

kiras

рубашка

fanêle

свитер

fanêle

свитер

cakêt

спортивная куртка

sako

жакет

çaket

пальто

baranî

плащ

lebas

костюм

fîstan

платье

cilê dawetê

свадебное платье

kostum

мужской костюм

pêcame

ночная сорочка

pêcame

пижама

saree

сари

leçik

платок

mêzer

тюрбан

hêram

паранджа

kaftan

кафтан

eba

абайя

kinca ajnêkirin

купальник

cilka melevanî

плавки

şort

шорты

cila hêvojkarî

спортивный костюм

pêşmal

фартук

lepik

перчатки

dûgme

пуговица

berçavik

очки

bazin

браслет

gerdenî

цепочка

gustîl

кольцо

guhark

серьга

devik

шапка

hilavistek

вешалка

kûm

шляпа

kirawat

галстук

zîp

застежка молния

serparêz

шлем

derzî

подтяжки

kinca dibistanê

школьная форма

yûnîform

форма

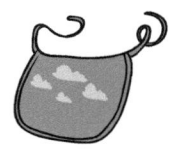

berdilk

детский нагрудник

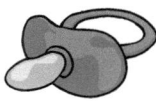

memik

соска

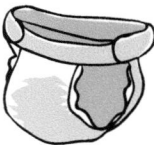

pundax

подгузник

ofîs

офис

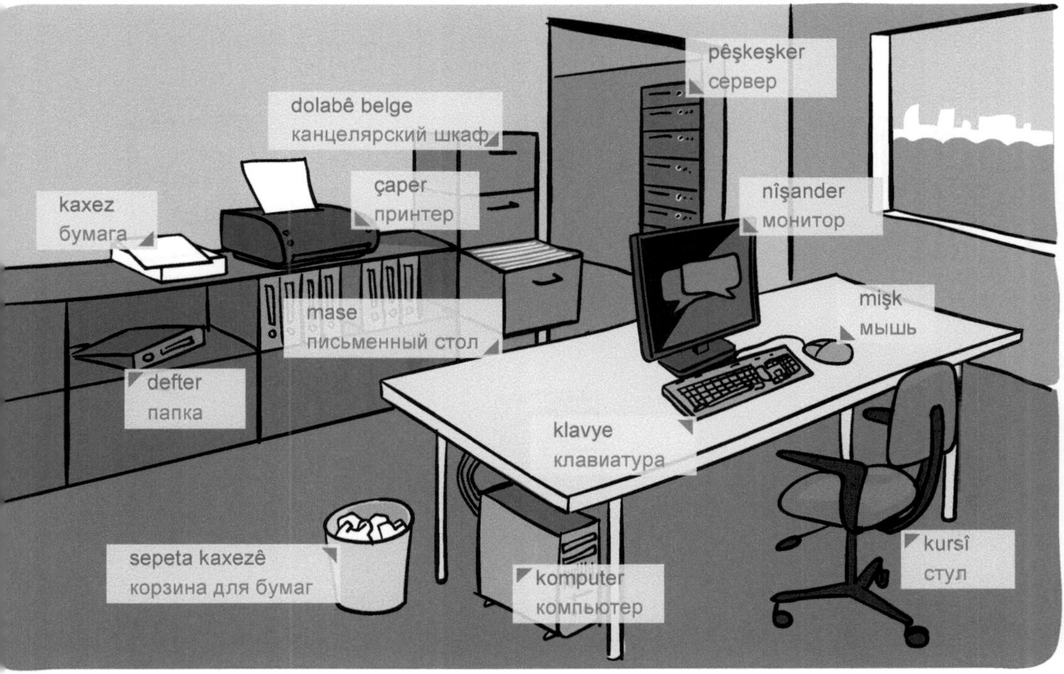
pêşkeşker
сервер
dolabê belge
канцелярский шкаф
kaxez
бумага
çaper
принтер
nîşander
монитор
mase
письменный стол
mişk
мышь
defter
папка
klavye
клавиатура
sepeta kaxezê
корзина для бумаг
kursî
стул
komputer
компьютер

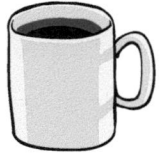

kasika qehwe

кофейная кружка

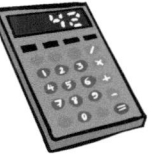

hesabker

калькулятор

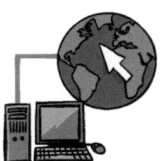

înternet

интернет

komputera laptop

ноутбук

name

письмо

peyam

сообщение

telefona mobîl

мобильный телефон

tor

сеть

mekîna fotokopî

ксерокс

software

программа

telefon

телефон

socketa fîşek

розетка

mekîna faxê

факс

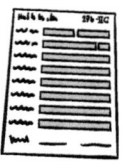

form

формуляр

belge

документ

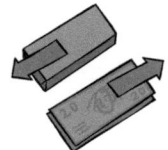

standin

покупать

pere dan

платить

bazirganî

торговать

pere

деньги

dollar

доллар

yoro

евро

yenê Japonê

иена

roblê Rûsî

рубль

firankê Swîsê

франк

yuanê Çînê

жэньминьби юань

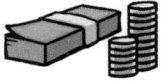

rûpee Hindî

рупия

mekîna jixwebera dirav

банкомат

ofîsa pere veguhartinê

пункт обмена валюты

zêrr

золото

zîv

серебро

neft

нефть

wize

энергия

biha

цена

peyman

договор

tax

налог

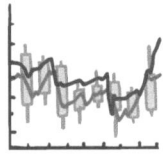

seham

акция

karkirin

работать

karker

служащий

karda

работодатель

fabrîka

фабрика

dikan

магазин

profesyon
профессии

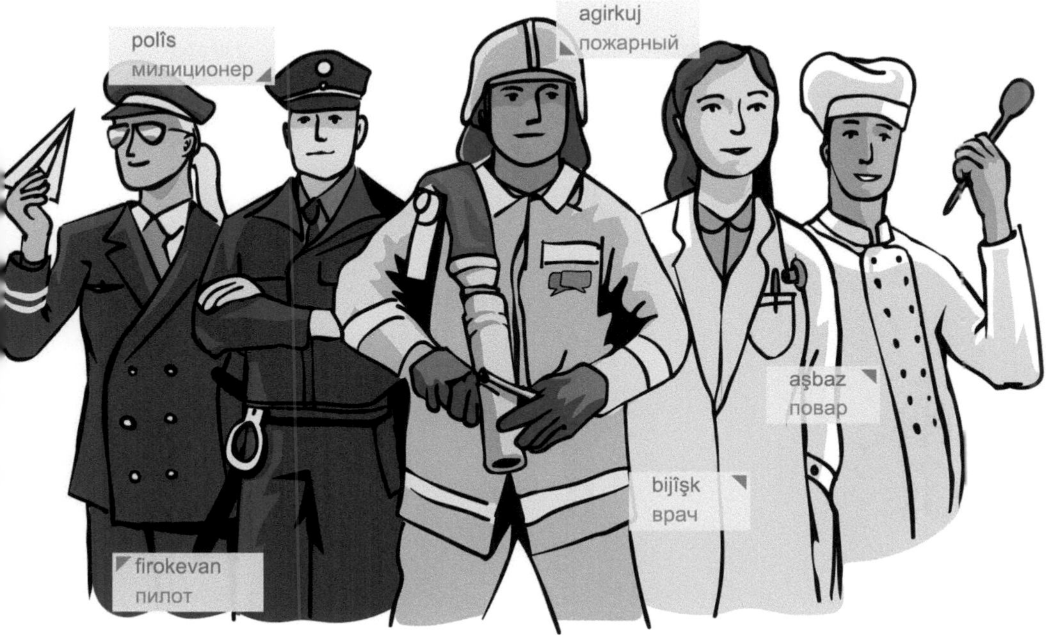
polîs
милиционер
agirkuj
пожарный
aşbaz
повар
bijîşk
врач
firokevan
пилот

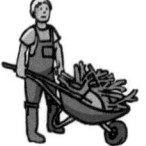

baxçevan

садовник

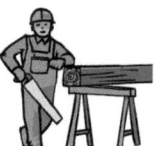

necar

столяр

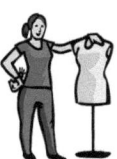

dirûnvan

швея

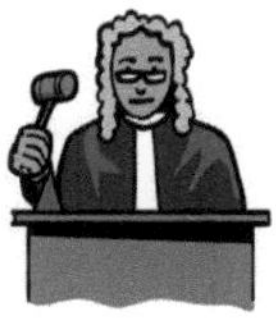

hakim

судья

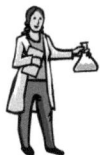

şîmyazan

химик

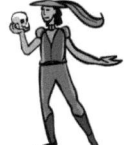

şanoger

актёр

şuferê basê

водитель автобуса

şuferekî taksiyê

таксист

masîvan

рыбак

pagijker

уборщица

çêkirê banî

кровельщик

berkar

официант

nêçirvan

охотник

rengrês

художник

nanpêj

пекарь

karebavan

электрик

avaker

строитель

endezyar

инженер

qesab

мясник

lûlekar

сантехник

postevan

почтальон

esker

солдат

mîmar

архитектор

diravgir

кассир

firotkara çîçekan

флорист

porçêker

парикмахер

ajovan

кондуктор

mekanîk

механик

keştîvan

капитан

pizîşka didanan

зубной врач

zanistyar

ученый

rûhan

раввин

îmam

имам

keşe

монах

keşîş

священник

amûran
инструменты

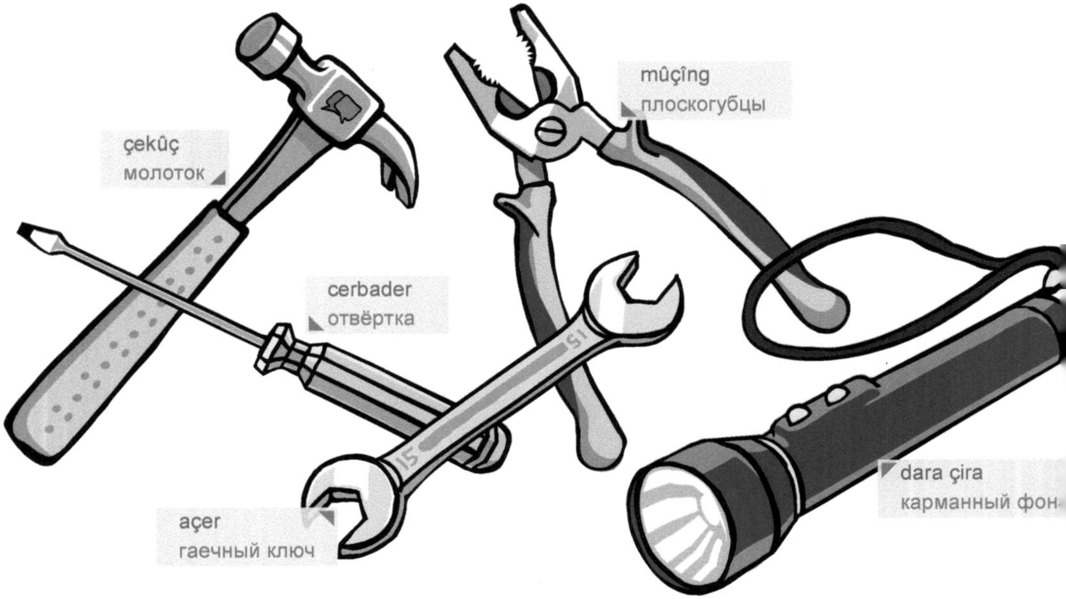
çekûç
молоток
mûçîng
плоскогубцы
cerbader
отвёртка
açer
гаечный ключ
dara çira
карманный фон

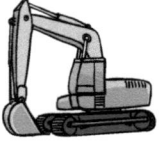

şofel

экскаватор

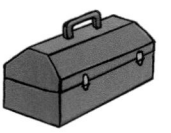

qûtiya amûran

ящик для инструментов

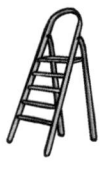

peyje

стремянка

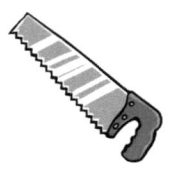

mişar

пила

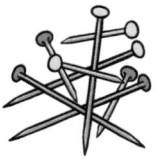

mîx

гвозди

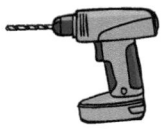

qulkirin

дрель

çêkirin

ремонтировать

merbêr

лопата

nalet!

Блин!

bêl

совок

qûtiya rengê

ведро с краской

cerr

винты

amûrên mûzîkê

музыкальные инструменты

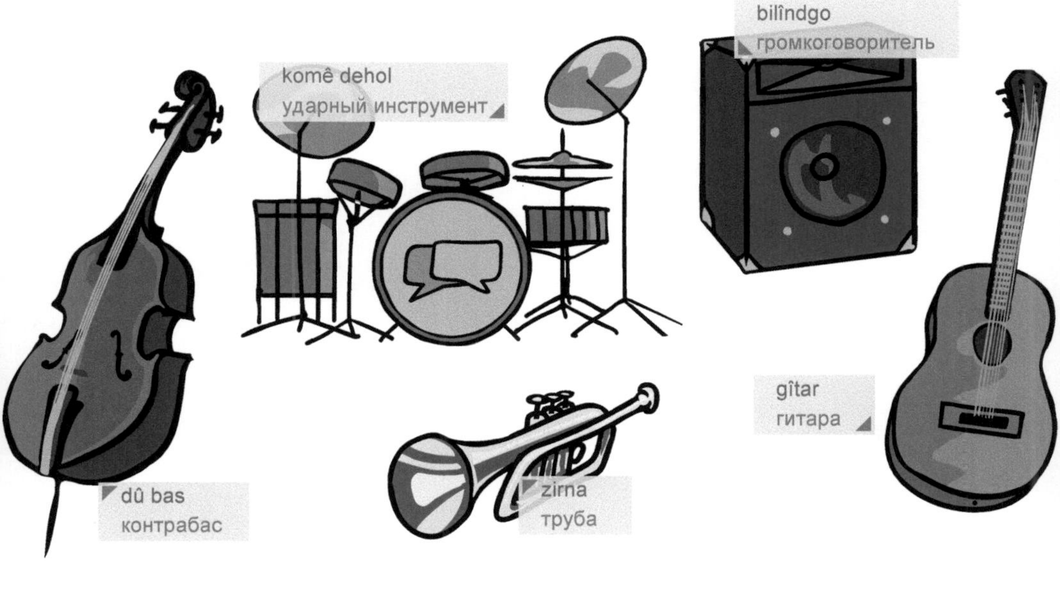

komê dehol
ударный инструмент

bilîndgo
громкоговоритель

gîtar
гитара

dû bas
контрабас

zirna
труба

piyano

пианино

viyolîn

скрипка

bas

бас-гитара

dehol

литавры

dahol

барабан

keyboard

синтезатор

saksofon

саксофон

bilûr

флейта

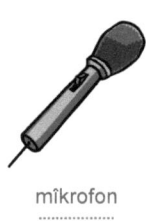

mîkrofon

микрофон

baxça heywanan

зоопарк

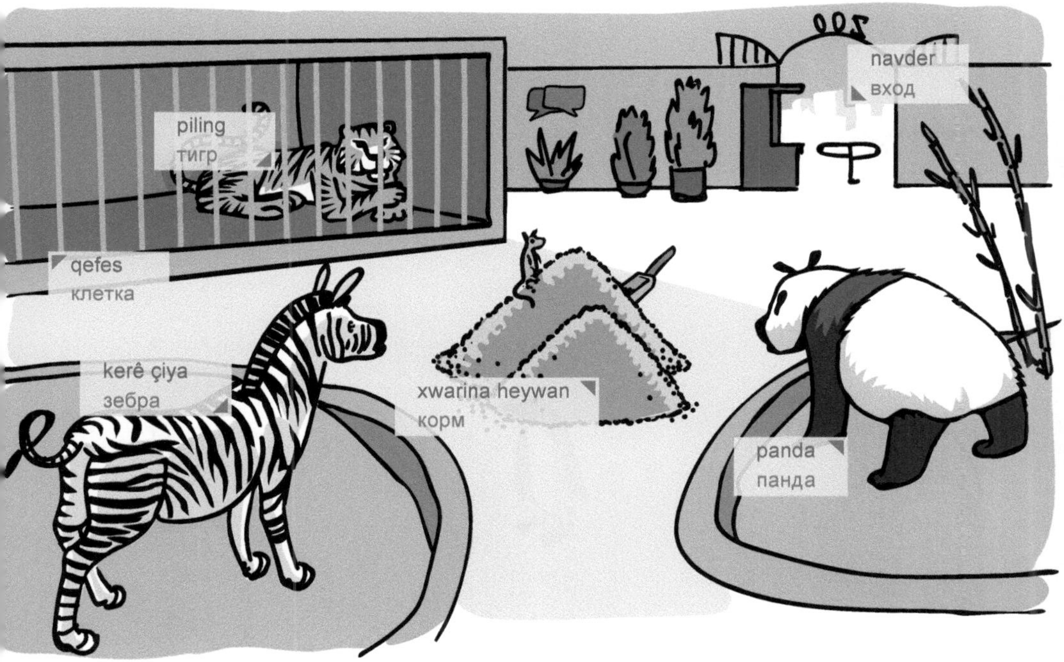

zoo
navder
вход
piling
тигр
qefes
клетка
kerê çiya
зебра
xwarina heywan
корм
panda
панда

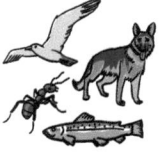

heywan

животные

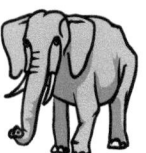

fîl

слон

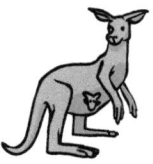

kangarû

кенгуру

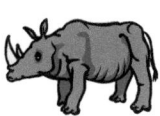

kerkeden

носорог

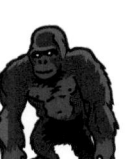

gorîl

горилла

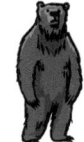

hirç

медведь

hêştir

верблюд

hêştirme

страус

şêr

лев

meymûn

обезьяна

flamîngo

фламинго

papaxan

попугай

hirça cemserî

белый медведь

penguîn

пингвин

semasî

акула

tawûs

павлин

mar

змея

timsah

крокодил

parêzera baxça ajalan

служитель зоопарка

seya derya

тюлень

piling

ягуар

hesp

пони

piling

леопард

hespê rûbar

бегемот

canhêştir

жираф

helo

орёл

berazê kovî

кабан

masî

рыба

kûsî

черепаха

walras

морж

rovî

лиса

xezal

газель

werziş

спорт

fûtbolê Amerîka
американский футбол

bisiklêtan
езда на велосипеде

tenîs
теннис

baskêtbol
баскетбол

avjenîkirin
плавание

boxing
бокс

hokeya ser cemedê
хоккей

fûtbol
футбол

badminton
бадминтон

yê atletîzmê
лёгкая атлетика

hendbol
гандбол

befirajotin
лыжный спорт

polo
поло

werziş - спорт

çalakiyan

действия

kenîn
смеяться
hilpeke
прыгать
hembêz
обнимать
birêveçûr
идти
lawje gutin
петь
xewn cîtin
мечтать
nimêj kirin
молиться
maçkirin
целовать

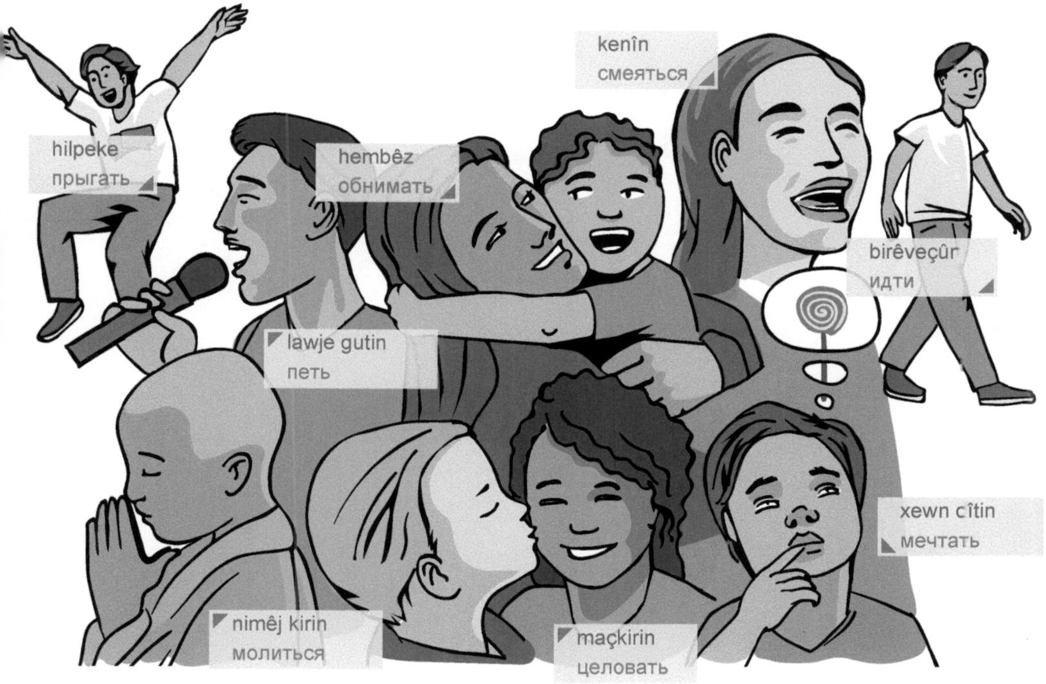

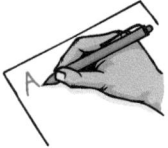

nivîsandin

писать

nîgar kêşan

рисовать

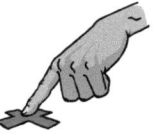

nîşan dan

показывать

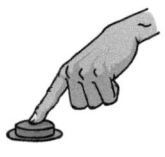

paldan

нажимать

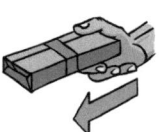

dayîn

давать

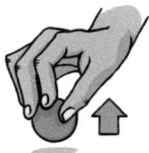

rakirin

брать

heyîn

иметь

kirin

делать

bûn

быть

sekinîn

стоять

bazdan

бежать

kişandin

тянуть

avêtin

бросать

ketin

падать

derew kirin

лежать

sekinîn

ждать

guhêztin

носить

rûniştin

сидеть

cil berkirin

надевать

razan

спать

rabûn

просыпаться

mêze kirin

рассматривать

girîn

плакать

celte

гладить

şe kirin

причесывать

peyvîn

говорить

famkirin

понимать

pirskirin

спрашивать

bihîstin

слушать

vexwarin

пить

xwarin

кушать

kom kirin

наводить порядок

hezkirin

любить

xwarin çêkirin

готовить

ajotin

ехать

firrîn

летать

çalakiyan - действия

kesştîvanî

ходить под парусом

hesibandin

считать

xwandin

читать

hînbûn

учиться

karkirin

работать

zewicîn

вступать в брак

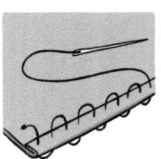

dirûtin

шить

didan şûtin

чистить зубы

kuştin

убивать

dûxan

курить

şandin

отправлять

malbat

семья

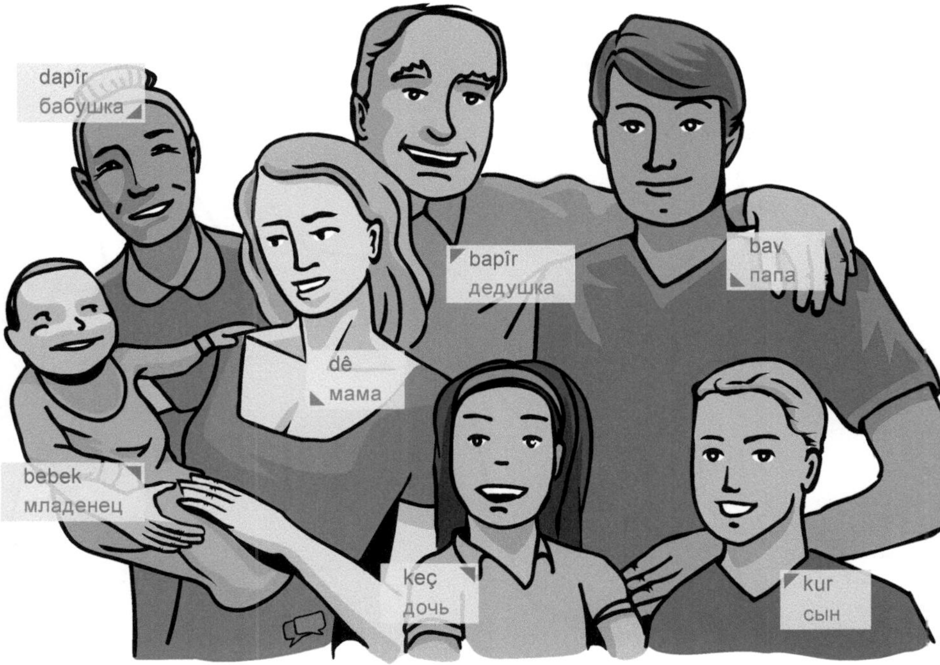
dapîr
бабушка
bapîr
дедушка
bav
папа
dê
мама
bebek
младенец
keç
дочь
kur
сын

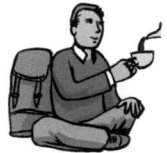

mêvan

гость

met

тетя

ap/xal

дядя

bira

брат

xwişl

сестра

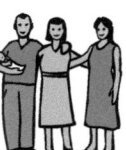

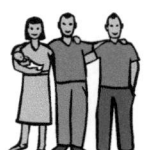

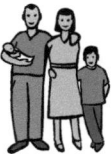

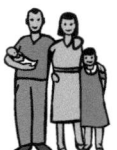

beden

тело

enî
лоб
çav
глаз
rû
лицо
zenî
подбородок
tilî
палец
dest
кисть
sîng
грудь
pîl
рука
mil
плечо
ling
нога

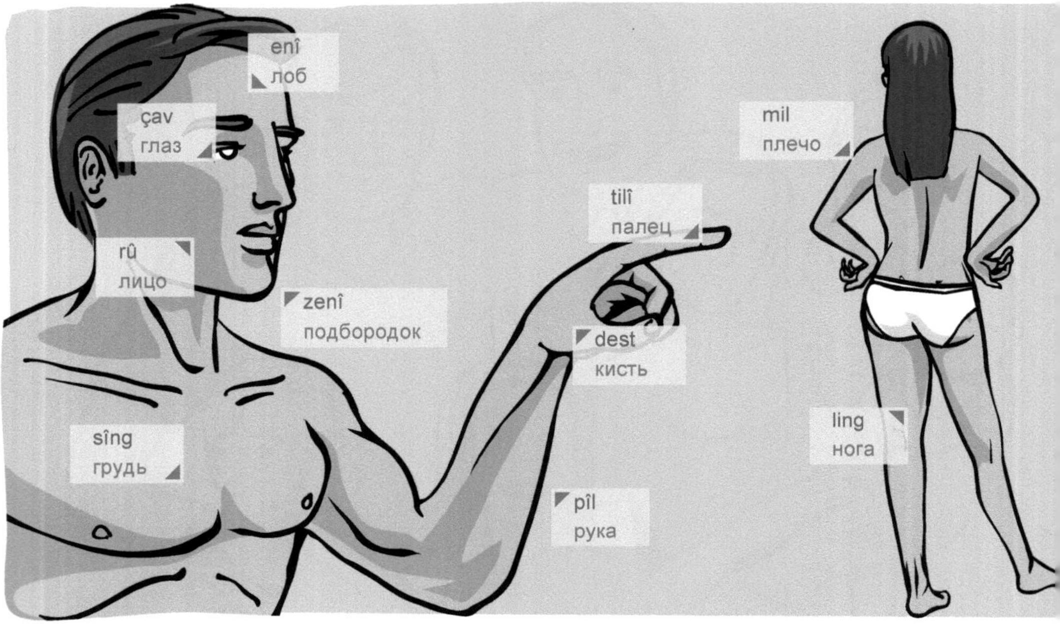

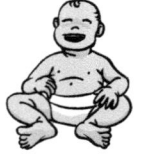

bebek

младенец

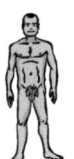

mêr

мужчина

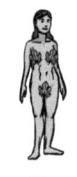

jin

женщина

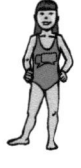

keç

девочка

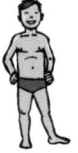

kor

мальчик

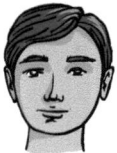

ser

голова

pişt

спина

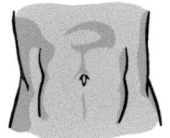

zik

живот

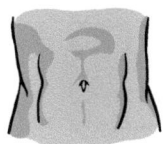

navik

пупок

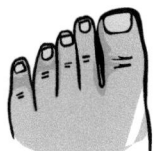

tilîya pê

палец ноги

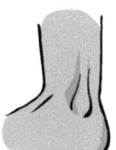

panî

пятка

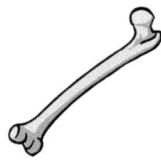

hestî

кость

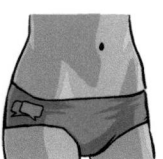

kûlîmek

бедро

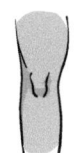

jûnî

колено

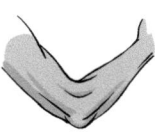

enîşk

локоть

difn

нос

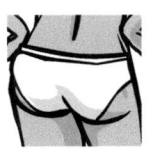

qûn

ягодицы

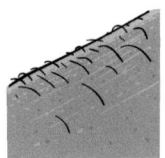

çerm

кожа

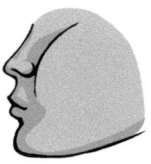

rû

щека

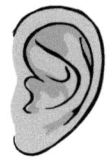

gûh

ухо

lêv

губа

beden - тело

dev

рот

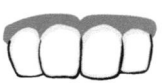

diran

зуб

ziman

язык

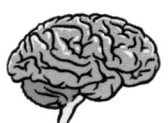

mêjî

мозг

dil

сердце

masûl

мышца

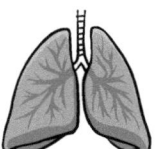

cîgera spî

лёгкое

ceger

печень

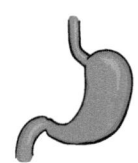

made

желудок

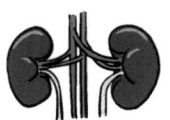

gûrçikan

почки

cotbûn

половой акт

kondom

презерватив

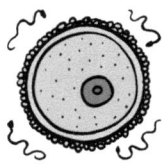

hêk

яйцеклетка

tov

сперма

dûcanî

беременность

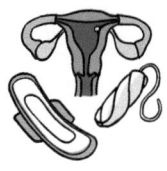

ade

менструация

qûz

вагина

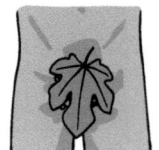

kîr

пенис

birû

бровь

por

волосы

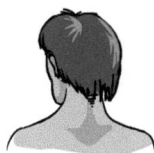

hûstû

шея

nexweşxane

больница

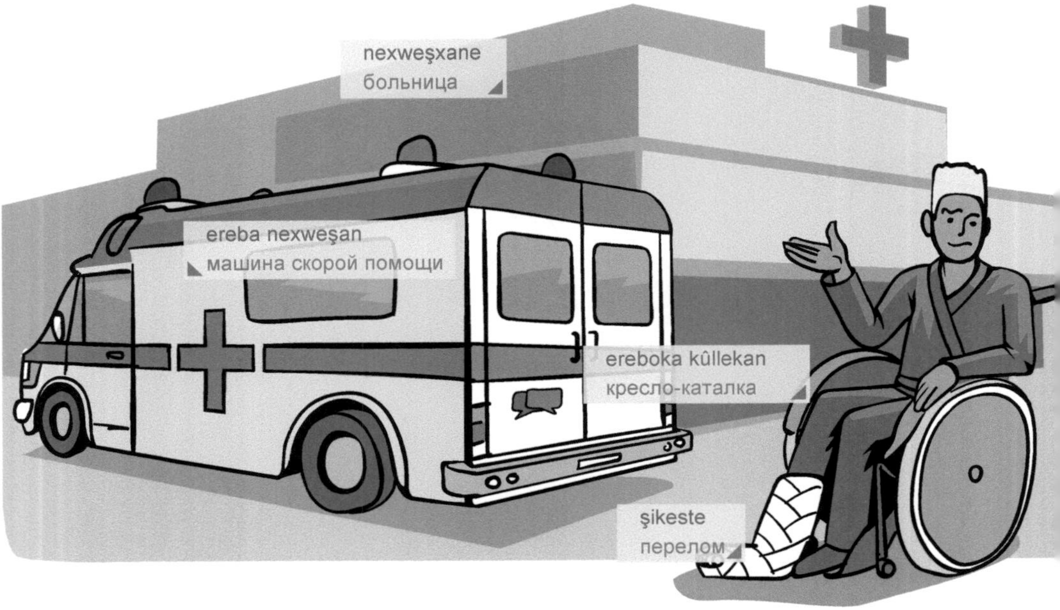

nexweşxane
больница
ereba nexweşan
машина скорой помощи
ereboka kûllekan
кресло-каталка
şikeste
перелом

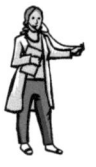

bijîşk

врач

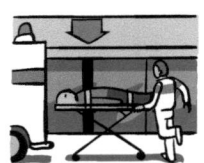

oda lezgînê

пункт первой помощи

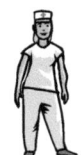

nexweşyar

медсестра

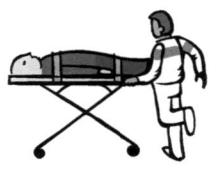

acîlîyet

неотложный случай

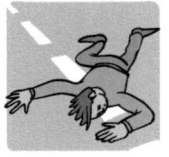

bêhay

без сознания

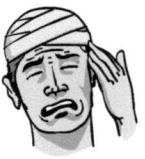

êş

боль

birîn

повреждение

xwînpijan

кровотечение

hêrişa dilî

инфаркт

celte

инсульт

alerjî

аллергия

kuxik

кашель

ta

повышенная температура

zikam

грипп

navçûyin

понос

serêş

головная боль

qansêr

рак

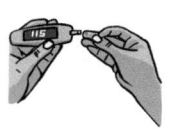

nexweşiya şekirê

диабет

emelîkar

хирург

skalpêl

скальпель

emelî

операция

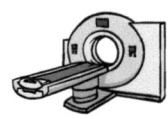

CT
КТ

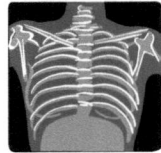

sûretê rontgên
рентген

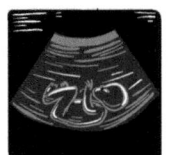

ûltrasawnd
ультразвук

maskê rûyê
маска

nexweşî
болезнь

oda sekinînê
приёмная

goçan
костыль

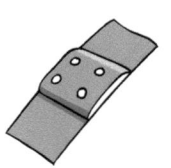

şêl
пластырь

paçê birînpêçanê
бинт

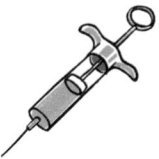

derzî
укол

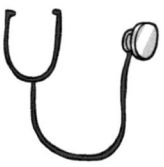

bîstoka pizîşkî
стетоскоп

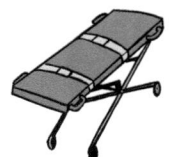

darbest
носилки

têhnpîva klînîkê
термометр

zayîn
рождение

qelew
избыточный вес

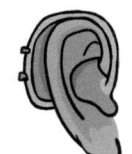

alîkariya bihîstinê

слуховой аппарат

bakterîkuj

дезинфекционное
средство

kotîbûn

инфекция

vîrûs

вирус

HIV / AIDS

ВИЧ / СПИД

derman

лекарство

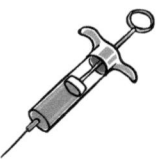

kutan

прививка

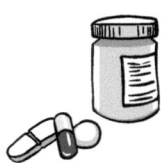

heban

таблетки

heb

противозачаточная
таблетка

lezgîn

экстренный вызов

dîmenderê pesto xwîn

прибор для измерения
кровяного давления

nexweş / sax

больной / здоровый

Hewar!	alarm	êrîş
Помогите!	сигнал тревоги	нападение
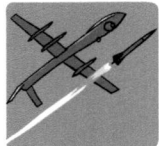		
êrîşkirin	talûk	derketina acil
атака	опасность	запасной выход

agir!	agir vemirandinê	qeza
Пожар!	огнетушитель	несчастный случай

aletên alîkariya yekem	SOS	polîs
аптечка	SOS	милиция

Ewropa

Европа

Amerîkaya Bakûr

Северная Америка

Amerîkaya Başûr

Южная Америка

Afrîka

Африка

Asya

Азия

Awustralya

Австралия

Atlantîk

Атлантический океан

Okyanûsa Mezin

Тихий океан

Okyanûsa Hindî

Индийский океан

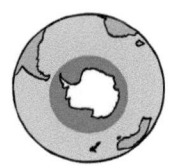

Okyanûsa Antarktîka

Антарктический океан

Okyanûsa Arktîk

Северный Ледовитый
океан

Cemsera Bakûr

Северный полюс

Cemsera Başûr

Южный полюс

Antarktîka

Антарктика

erd

земля

ax

суша

behir

море

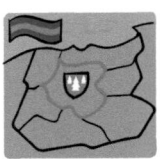

dûrge

остров

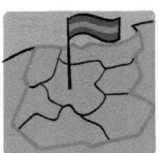

milllet

нация

welat

государство

rûyê saet

циферблат

nişanderka demjimêr

часовая стрелка

nişanderka deqe

минутная стрелка

nişanderka saniye

секундная стрелка

Seet çende?

Который час?

roj

день

dem

время

niha

сейчас

saetê dicîtal

электронные часы

deqe

минута

seet

час

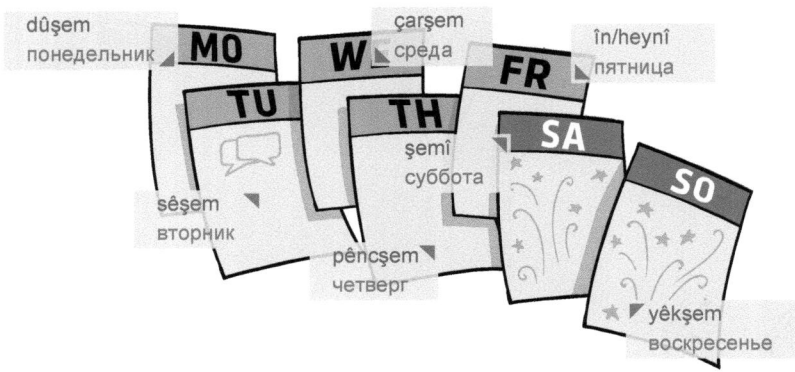

duh

вчера

îro

сегодня

sibey

завтра

sibe

утро

nîvro

полдень

êvar

вечер

rojên karê

рабочие дни

dawiya hefte

выходные

sal

год

baran
дождь
keskesor
радуга
befir
снег
ba
ветер
bihar
весна
payîz
осень
havîn
лето
zivistan
зима

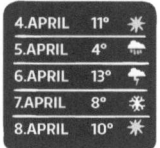

4.APRIL 11°
5.APRIL 4°
6.APRIL 13°
7.APRIL 8°
8.APRIL 10°

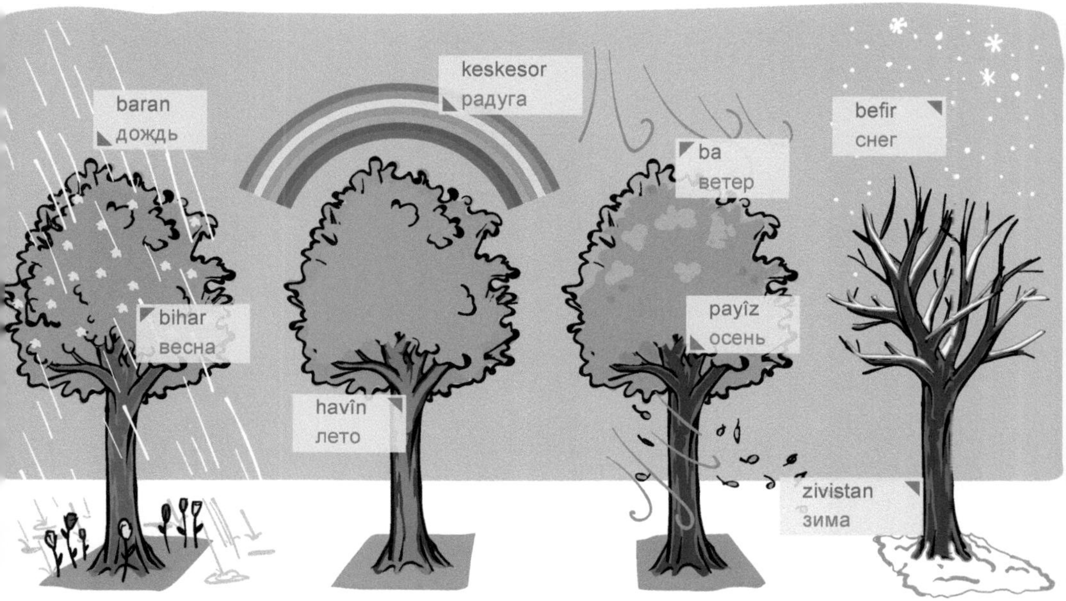

pêşbîniya hewa

прогноз погоды

F C
120 40
90 30
60 20
30 10
0 0
-30 -10
-20

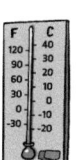

tehnpîv

термометр

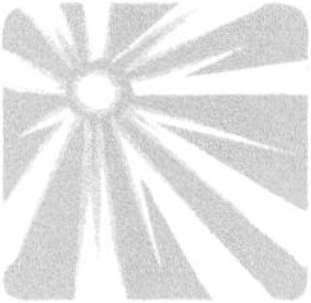

tav

солнечный свет

hewr

туча

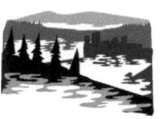

mij

туман

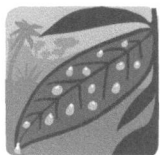

hêmî

влажность воздуха

birq

молния

brûsk

гром

tofan

буря

terg

град

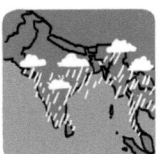

mansûn

муссон

lehî

наводнение

cemed

лёд

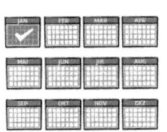

rêbendan

январь

reşeme

февраль

newroz

март

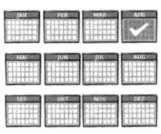

gulan

апрель

cozerdan

май

pûşper

июнь

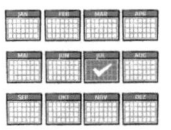

gelawêj

июль

xermanan

август

rezber

сентябрь

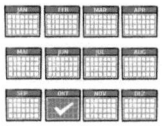

kewçêr

октябрь

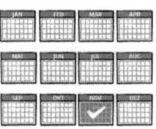

sermawez

ноябрь

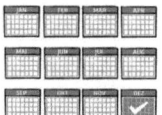

befranbar

декабрь

şêwe
формы

çember

круг

çarçik

квадрат

çarqozî

прямоугольник

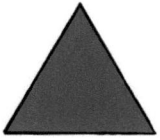

sêqozî

треугольник

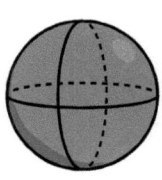

qada

шар

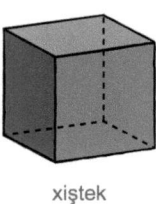

xiştek

куб

sipî

белый

zer

желтый

pirteqalî

оранжевый

pembe

розовый

sor

красный

mor

лиловый

şîn

синий

kesik

зелёный

qehweyî

коричневый

gewr

серый

reş

черный

zor / kêm

много / мало

bi hêrs / bêdeng

яростный / мирный

bedew / nerind

красивый / уродливый

destpêk / dawî

начало / конец

mezin / biçûk

большой / маленький

ronî / tarî

светлый / темный

brak / xwişk

брат / сестра

pagij / girêj

чистый / грязный

tevî / netemam

полный / неполный

roj / şev

день / ночь

mirî / zindî

мёртвый / живой

fire / teng

широкий / узкий

xweş / nexweş

съедобный / несъедобный

nebaş / baş

злой / дружелюбный

bi heyecan / aciz

взволнованный /
скучающий

qelew / zirav

толстый / худой

yekemîn / dawîn

сначала / в конце

heval / dijmin

друг / враг

tijî / vala

полный / пустой

req / nerm

твёрдый / мягкий

giran / sivik

тяжёлый / легкий

birçî / tînî

голод / жажда

nexweş / sax

больной / здоровый

neqanûnî / qanûnî

незаконный / законный

rewşenbîr / balûle

умный / глупый

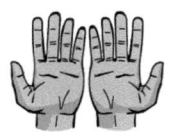

çep / rast

слева / справа

nêzî / dûr

близко / далеко

nû / bikarhatî

новый / подержанный

hîç / tiştek

ничто / нечто

kal / ciwan

старый / молодой

li / ji

включено / выключено

vekirî / girtî

открыто / закрыто

aram / dengbilind

тихо / громко

dewlemend / reben

богатый / бедный

rast / şaş

правильный /
неправильный

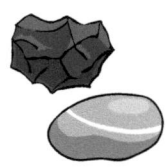

dirr / hilû

шероховатый / гладкий

xemgîn / şa

печальный / счастливый

kurt / dirêj

короткий / длинный

hêdî / zû

медленный / быстрый

şil / ziwa

мокрый / сухой

germ / hênik

тёплый / прохладный

şerr / aşitî

война / мир

0

sifir

ноль

1

yek

один

2

dû

два

3

sê

три

4

çar

четыре

5

pênc

пять

6

şeş

шесть

7

heft

семь

8

heşt

восемь

9

neh

девять

10

deh

десять

11

yazde

одиннадцать

12

dazde

двенадцать

13

sêzde

тринадцать

14

çarde

четырнадцать

15

pazde

пятнадцать

16

şazde

шестнадцать

17

hefde

семнадцать

18

hejde

восемнадцать

19

nozdeh

девятнадцать

20

bîst

двадцать

100

sed

сто

1.000

hezar

тысяча

1.000.000

milyon

миллион

Inglîzî
английский

Inglîziya Amerîkî
американский английский

Çînî Mandarîn
мандаринский китайский

Hindî
хинди

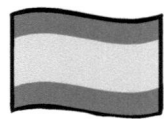

Îspanyolî
испанский

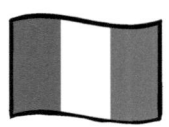

Frensî
французский

Erebî
арабский

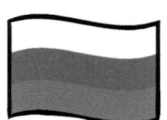

Rûsî
русский

Portugalî
португальский

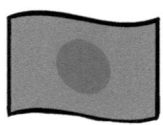

Bengalî
бенгальский

Elmanî
немецкий

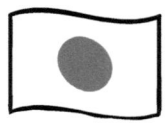

Japonî
японский

min

я

tu

ты

ew / ev / ew

он / она / оно

em

мы

tu

вы

ew

они

kî?

кто?

çi?

что?

çawa?

как?

kû?

где?

kengî?

когда?

nav

имя

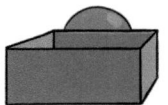

piştî

за

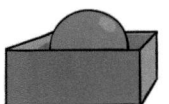

li

в

pêşî

перед

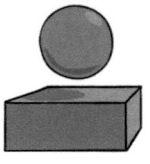

ser

над

ser

на

bin

под

kêlek

рядом

navber

между

cih

место